Werner Huemer

Warum wir durch den Tod nicht sterben

Die großen Geheimnisse am Ende des Lebens

Werner Huemer

Warum wir durch den Tod nicht sterben

Die großen Geheimnisse am Ende des Lebens

EDITION GRALSWELT

WELTBILD

Die Deutsche Bibliothek – CIP-Einheitsaufnahme

Huemer, Werner:
Warum wir durch den Tod nicht sterben / Werner Huemer. –
Stuttgart: Verl. der Stiftung Gralsbotschaft, 2000
(Edition GralsWelt)
ISBN 3-87860-290-1

Bildnachweis: Comstock, Berlin: Seiten 12, 25, 28; Creativ Collection, Freiburg: Seite 63; Sigurd Elert, Beverungen: Seite 9; Rolf Grabow, Helmstedt: Titelbild; Imagebank: Seite 28; Mauritius, Stuttgart: Seiten 7, 46; Photo Disc, Washington: Seiten 38, 52, 55; Elisabeth Ryhre, Värmland/Schweden: Seite 32

3. Auflage 2003
Gestaltung: Mediaservice Huemer/Josef Schaffler
Herstellung: Offizin Scheufele, Stuttgart
Printed in Germany

Inhalt

Für viele inhaltliche Anregungen, die Eingang in dieses Buch fanden, bin ich Dr. Richard Steinpach zu Dank verpflichtet.

Dr. Steinpach hielt über viele Jahre – bis kurz vor seinem Hinübergehen im Jahre 1992 – im gesamten deutschsprachigen Raum vielbeachtete öffentliche Vorträge, in denen er sich wichtigen Schlüsselfragen des Lebens widmete. Durch seine unvergleichliche Art, Zusammenhänge in einfacher, gleichnishafter Form darzustellen, aber auch durch persönliche Kontakte mit Dr. Steinpach erhielt die vorliegende Arbeit wesentliche Impulse.

Werner Huemer

Der Verfasser orientiert sich bei Aussagen, die über den allgemeinen Kenntnisstand hinausgehen, an dem in dem Werk »Im Lichte der Wahrheit – Gralsbotschaft« von Abd-ru-shin vermittelten Wissen.

Vorwort

Warum wir durch den Tod nicht sterben: Welche Antwort mag man sich angesichts eines solchen Buchtitels erwarten? Ist mit dem Tod nicht alles aus? Ist unser Leben in der Stunde des Abscheidens nicht unwiderruflich zu Ende? Oder ist es tatsächlich denkbar, daß wir weiterleben, durch den irdischen Tod also nicht sterben?

Die meisten Menschen wähnen sich heute sicher in ihrer Annahme, daß in Wirklichkeit ja niemand weiß, was geschieht, wenn wir diese Welt verlassen müssen. Sie wollen daher an den Tod keinen Gedanken verschwenden und überlassen es den Philosophen und der Geistlichkeit, sich mit diesem so unangenehmen Thema zu beschäftigen.

Und doch: Die Frage, ob es nach dem Tode weitergeht, läßt niemanden wirklich unberührt. Immer wieder werden wir in unserem Leben ja mit der Unausweichlichkeit des Sterbenmüssens konfrontiert. Wenn ein vertrauter Mensch diese Welt verläßt, ein naher Verwandter oder ein guter Freund, so überwältigt uns die Tatsache der Vergänglichkeit alles Irdischen oft jäh und schmerzvoll. Wir suchen dann Trost im Glauben und klammern uns an jeden Funken Hoffnung, der das Abschiednehmenmüssen von dem geliebten Menschen vielleicht etwas leichter macht.

Vor allem aber bemüht man sich nach einem Todesfall zumeist, so schnell wie möglich wieder zur Tagesordnung überzugehen. Vergessen, um ertragen zu können. Verdrängen, um nicht zu verzweifeln. Sich ablenken, um das Schwere zu bewältigen. Aber das Leben ist in dieser Hinsicht hart: Denn irgendwann wird jeder Mensch dem Tod gegenüberstehen, und eine gedankliche Flucht wird dann unmöglich sein.

W*ir müssen einmal sterben!* Unausweichlich sind wir der Vergänglichkeit des Irdischen ausgeliefert. Dieses Schicksal ereilt jeden Menschen, bei allen Unterschieden, die uns sonst voneinander trennen mögen. Daher ist es nur natürlich, wenn wir uns darum bemühen, den geheimnisvollen Schleier zu lüften, der den Tod umgibt.

In manchen Kulturen ist es eine Selbstverständlichkeit, das Sterben als zum Leben gehörig zu betrachten. Und auch wir sollten wohl damit aufhören, den Tod zu tabuisieren. Denn gerade die große Frage, was „danach" kommt, kann uns, wie wir im folgenden sehen werden, dem Verständnis unseres Lebens näherbringen. Wer sich in Gedanken dem Sterben stellt, wer loslassen kann, der lernt damit zugleich, freier, bewußter und dankbarer im Leben zu stehen.

Vom Glauben zur Überzeugung

Zweifellos berührt die Aussicht auf ein bewußtes Fortleben nach dem Tode unsere innerste Sehnsucht, sie gehört zu den großen Lebensträumen des Menschen. Dennoch aber sind wir gerade in dieser Frage über vage Vermutungen bislang nicht hinausgekommen.

In den Vorstellungen darüber, ob und wie ein Leben nach dem Tode denkbar wäre, gibt es im wesentlichen zwei Extrempositionen: Die eine Seite glaubt irgend etwas – meist das, was Konfessionen, spirituelle Führer oder auch Sekten an Vorstellungen anbieten. Die andere Seite glaubt nichts – und verharrt auf dem Standpunkt, daß es nur das gibt, was man auch hört und sieht – und daß außerdem vom Tod noch niemand zurückgekommen sei.

Bei allen unterschiedlichen Standpunkten scheint es also im Grunde darum zu gehen, entweder etwas zu glauben – oder eben nichts zu glauben.

Aber gibt es nicht noch einen grundlegend anderen Weg, sich der Frage zu nähern, was nach dem Tod mit uns geschieht? Einen Weg, der vom seichten Glauben hin zu echter, tiefer Überzeugung führt? Ich meine ja, und ich will versuchen, Ihnen diesen Weg in der Folge zu skizzieren.

Natürlich ist es nicht ungewöhnlich, wenn heute die meisten Menschen allen Überlegungen, die ihnen ein Weiterleben nach dem Tode in Aussicht stellen, vorerst skeptisch gegenüberstehen, denn sie mögen denken: Ist es uns denn überhaupt möglich, eine befriedigende Antwort zu finden auf die Frage, was nach dem Sterben kommt? Ist das alles nicht letztlich *doch* eine Sache des Glaubens? Und haben jene Leute nicht recht, die da selbstsicher meinen, daß alle Vermutungen darüber, wie es nach dem Tode für uns aussieht, nur pure Spekulation seien?

Solche oder ähnliche Gedanken sind typisch für unser heutiges Selbstverständnis, denn wir leben ja in einer Zeit der Wissenschaftsgläubigkeit und versteifen uns sehr gern auf alles Beweis-, Beleg- und Wiederholbare. Und nur das wollen wir als Wahrheit anerkennen.

Dabei entzieht sich das Erleben jedes Augenblicks im Grunde der naturwissenschaftlichen Methodik. Keine Lebenserfahrung läßt sich beliebig wiederholen – oder beweisen. Trotzdem aber ist es eine für uns erfahrbare Tatsache, daß wir leben dürfen ... und sterben müssen!

Mit Wissenschaftlichkeit allein haben wir also kaum Aussicht darauf, den großen Geheimnissen am Ende des Lebens wirklich auf den Grund gehen zu können. Dennoch gibt es gerade auch unter den Forschern heutiger Zeit immer mehr, denen es ein ernstes persönliches Anliegen ist, ihren Blick über das mit den fünf Sinnen Faßbare zu heben …

»Bau nicht ein allzu festes Haus
Als Heim auf irdschem Grund und Boden;
Man trägt dich doch dereinst hinaus
Und legt als tot dich zu den Toten.
Du wohnst hier nur im Wanderzelt;
Die Heimat fordert all dein Sinnen,
Und suchst du deine wahre Welt,
So richte deinen Blick nach innen.
Dein wahres Heim, es ist nur dort
Jenseits des Erdenlands zu schauen,
Und jede Tat und jedes Wort
Trägt dazu bei, daran zu bauen.
Trau nicht dem angenehmen Weg,
Den Tausende durchs Leben wandern!
Weich ab, erklimm' den steilen Steg,
Und laß sie lächeln, all die andern!
Sieh' auf die Toren nicht zurück
Und achte nicht auf ihre Stimmen;
Denn wisse wohl: Dein wahres Glück
Liegt hoch und läßt sich nur erklimmen.«

Karl MAY

Die Ergebnisse der Sterbeforschung

Die Sterbeforschung, die sogenannte „Thanatologie" (von griechisch „thanatos" = Tod) befaßt sich schon seit mehreren Jahrzehnten mit den Vorgängen rund um den Tod des Menschen. Es lohnt sich, die diesbezüglichen Ergebnisse vorerst kurz zu beleuchten, ehe wir uns dann Überlegungen zuwenden wollen, die über den Bereich der Wissenschaft hinausreichen.

Als besonders interessant und aussagekräftig im Hinblick auf ein mögliches Fortleben nach dem Tode scheinen sogenannte Nah- oder Scheintod-Erlebnisse zu sein, also Eindrücke, die Menschen kurz vor ihrem Tode hatten. Solche Berichte, die mittlerweile weltweit zu Tausenden gesammelt wurden, kommen zustande, wenn jemand, der bereits als tot galt, aus irgendeinem Grund doch noch einmal ins irdische Leben zurückkehren konnte. Ein solcher Mensch kann dann mitunter ausführlich und eindrucksvoll von seinen Erlebnissen an der Schwelle zum Jenseits berichten.

Der amerikanische Arzt und Philosoph Dr. Raymond Moody hat – wie inzwischen auch mehrere andere Forscher – für sein richtungweisendes Buch „Leben nach dem Tod“[1] bereits in den 70er Jahren die Aussagen dutzender Patienten unterschiedlichster Herkunft zusammengefaßt, die von Nahtod-Erlebnissen berichten konnten.

Das Faszinierende und absolut Unerwartete dabei war, daß die Schilderungen der Befragten sich in erstaunlicher Weise deckten. Hatte man angenommen, daß die unterschiedliche kulturelle Herkunft der Menschen, deren Bildungsgrad oder Lebensalter auch zu deutlich voneinander abweichenden Erlebnissen führen müsse, so stellte sich völlig überraschend heraus, daß das Erleben aller Befragten ähnlich war. Die Wissenschaft hatte zu erkennen, daß jeder Mensch beim Sterben gleichartige Stationen durchläuft.

Eine der immer wieder beschriebenen Nahtod-Erfahrungen ist der sogenannte „Lebensfilm“, der plötzlich vor dem inneren Auge des Sterbenden abzulaufen beginnt: In blitzschneller Folge, so beschreiben es Betroffene, seien ihnen alle wichtigen Stationen ihres irdischen Lebens wieder bewußt geworden, selbst Ereignisse, die weit zurück in der Kindheit lagen. Für das Erleben einer solchen Rückschau ist dabei gar nicht unbedingt Voraussetzung, daß ein Mensch „klinisch tot“ war und danach

1 Dr. med. Raymond Moody: „Leben nach dem Tod“, Weltbild-Verlag, Augsburg, 1996

doch wieder in seinen Erdenkörper zurückkehren konnte. Manchmal genügt schon der Streß akuter Lebensgefahr ohne Aussicht auf Errettung, damit dieser „Zeitrafferfilm" in Gang kommt.

Eine weitere typische Erfahrung während des Pendelns um die Todesschwelle beschreibt Dr. Moody als die „Ausleibigkeit":

> *»Ein Mensch liegt im Sterben. Während seine körperliche Bedrängnis sich ihrem Höhepunkt nähert, hört er, wie der Arzt ihn für tot erklärt. Mit einmal nimmt er ein unangenehmes Geräusch wahr, ein durchdringendes Läuten oder Brummen, und zugleich hat er das Gefühl, daß er sich durch einen langen, dunklen Tunnel bewegt. Danach befindet er sich plötzlich außerhalb seines Körpers, jedoch in derselben Umgebung wie zuvor. Als ob er ein Beobachter wäre, blickt er nun aus einiger Entfernung auf seinen eigenen Körper. In seinen Gefühlen zutiefst aufgewühlt, wohnt er von diesem seltsamen Beobachtungsposten aus den Wiederbelebungsversuchen bei.*
>
> *Nach einiger Zeit fängt er sich und beginnt, sich immer mehr an seinen merkwürdigen Zustand zu gewöhnen. Wie er entdeckt, besitzt er noch immer einen „Körper", der sich jedoch sowohl seiner Beschaffenheit als auch seinen Fähigkeiten nach wesentlich von dem physischen Körper, den er zurückgelassen hat, unterscheidet.«*

In diesem Zustand der Ausleibigkeit erschließt sich dem Betroffenen auch eine ganz neue, nur schwer zu beschreibende Realität des Erlebens. Dr. Moody faßt die Schilderungen wie folgt zusammen:

»Menschen mit solchen Erfahrungen berichten, daß sie in diesem Zustand klar sehen können, aber gleichzeitig sagen sie auch, daß dieses Sehvermögen nicht mit unserem zu vergleichen ist: Sie können alles wesentlich tiefer erkennen. Sie können sich auf eine Person konzentrieren und deren Absicht begreifen. Eine Krankenschwester berichtete: ‚Ich wußte schon, was der Arzt sagen würde, bevor er seinen Mund geöffnet hatte.' Die Wahrnehmung erfolgt also von Gedanke zu Gedanke oder von Herz zu Herz. Ihrerseits werden diese Menschen aber nicht verstanden oder gehört, wenn sie dem Arzt oder der Krankenschwester zu antworten versuchen. Sie fühlen sich immer noch einem Körper zugehörig, dessen Form aber sehr schwer zu beschreiben ist. Erst nach einer Weile werden sie sich darüber bewußt, daß dieses Erleben irgend etwas mit dem Prozeß des Sterbens zu tun hat.«[2]

Im Sterbeprozeß gibt es auch einen, wie Dr. Moody es nennt, „transzendentalen Teil", der offenbar noch schwerer in Worte zu fassen ist, weshalb sich die Schilderungen der Betroffenen auch stärker voneinander unterscheiden. Jedoch wird durchweg von einem „brillanten, warmen, liebenden Licht" gesprochen, von dem der Sterbende sich umhüllt fühlt, und das so erlebt wird, als sei es zugleich „lebende Liebe".

»Die Menschen gehen also in dieses unglaublich brillante Licht, und obwohl es viel heller ist als alles, was sie je zuvor erlebt haben, ist es nicht unangenehm

2 *Zitiert aus: Dr. med. Raymond Moody: „Erfahrungen an der Schwelle zum Tod", GRALSWELT, Heft 14/2000*

für ihre Augen. Sie berichten weiter, daß in dieser Situation bereits verstorbene Verwandte oder Freunde da zu sein scheinen, um sie zu treffen oder zu begrüßen. Aber wer zum Beispiel seinen Großvater trifft, sieht ihn nicht so wie zu dem Zeitpunkt als er starb, also nicht alt und gebückt, sondern in blühendem Leben. Die Person wird erkannt, aber der Mensch wird nicht mit einem bestimmten körperlichen Aussehen identifiziert.«

Mitunter wird auch beschrieben, daß das besondere Licht sich zu konzentrieren scheint und als persönlich liebendes Wesen wahrgenommen wird.

Alle diese Schilderungen liegen freilich derart weit entfernt von unseren üblichen Alltagserfahrungen, daß es nicht verwundern darf, wenn viele Menschen Angst davor haben, ihre Nahtod-Erfahrungen anderen mitzuteilen. Sie möchten nicht als „Spinner“ bezeichnet werden und behalten ihr tiefes Erleben lieber für sich.

Im Jahr 1975 beschrieb Dr. Moody dies als geradezu „typische Situation“:

»Bei seinen späteren Versuchen, anderen von seinem Erlebnis zu berichten, trifft der Mensch auf große Schwierigkeiten. Zunächst einmal vermag er keine menschlichen Worte zu finden, mit denen sich überirdische Geschehen dieser Art angemessen ausdrücken lassen. Da er zudem entdeckt, daß man ihm mit Spott begegnet, gibt er es ganz auf, anderen davon zu erzählen. Dennoch hinterläßt das Erlebnis tiefe Spuren in seinem Leben; es beeinflußt namentlich die Art, wie der jeweilige Mensch dem Tod gegenübersteht.«

Mittlerweile scheint jedoch dort und da ein Umdenken einzusetzen. Seit die Sterbeforschung sich geradezu explosionsartig über die ganze Welt verbreitet hat und der einzelne auch immer besser über die Vorgänge beim Sterben Bescheid weiß, können viele Menschen offener über ihre Erfahrungen sprechen.

Für die Forschung steht die Einheitlichkeit der Erlebnisse indessen außer Zweifel, und man hat längst damit begonnen, sich interessanten Detailfragen zu widmen. So weiß man mittlerweile aus Untersuchungen, die sowohl in den USA als auch in Europa durchgeführt wurden, daß Kinder ebenfalls Nahtod-Erlebnisse haben, die ähnlich denen der Erwachsenen verlaufen. Auch wurden Berichte von Menschen bekannt, die sich das Leben nehmen wollten und bei ihrem Selbstmord-Versuch ein Nahtod-Erlebnis hatten. Diese gewannen dadurch die Überzeugung, daß man dem Leben nicht durch Selbstmord entfliehen kann.

Zusammenfassend läßt sich also sagen, daß die Thanatologie während der vergangenen Jahrzehnte doch einiges dazu beigetragen hat, den Tod zu enttabuisieren.

Natürlich stellt sich nun die Frage, wie denn diese vielen Berichte von Menschen, die „an der Schwelle" standen, endgültig zu werten sind. Es wäre selbstverständlich unseriös, voreilig den Schluß zu ziehen, daß die Sterbeforschung schon den Beweis für ein Weiterleben nach dem Tod erbracht hätte.

Denn alle die dokumentierten Beschreibungen beziehen sich letztlich ja immer nur auf die Momente des Sterbens, sie müssen nicht unbedingt schon ein „Leben nach dem Leben" betreffen. Dr. Moody selbst sieht alle seine bisherigen Forschungen denn auch eher als eine „psychologisch interessante Vorarbeit, aus der heraus man vielleicht einmal wissenschaftliche Fragen formulieren" könnte, nicht aber als Beweisführung für ein Fortleben.

Andererseits sind die Übereinstimmungen in den Todeserlebnissen so vieler Menschen gewiß eindrucksvoll genug, um diese Erfahrungen nicht einfach als „Hirngespinste" oder „Schutzphantasien" abtun und schubladisieren zu können. Immerhin bieten sie ja gewisse Anhaltspunkte dafür, daß die Erlebnisfähigkeit des Menschen im Tod erhalten bleibt. Insofern könnte man die Forschungsergebnisse der Thanatologie durchaus als wertvolle *Hinweise* auf ein Weiterleben unserer Seele nach dem Tode betrachten.

Anzumerken ist weiterhin, daß die Nahtod-Berichte sich auch mit religiösen Vorstellungen und Beschreibungen decken, die den Vorgang des Todes, das „Hinübergehen", dem Geburtserlebnis, also dem „Herüberkommen", dem „Auf-die-Welt-Kommen", gleichsetzen.

Der vorhin aus Dr. Moodys Buch zitierte „dunkle Tunnel" zum Beispiel, durch den der Sterbende sich gezogen erlebt, erinnert ja tatsächlich deutlich an die Beschreibung einer Geburt. Und auch die mitunter ebenfalls beobachtete „silberne Schnur" – wir werden noch auf sie zu sprechen kommen – könnte man in Aussehen und Funktion der Nabelschnur gleichsetzen.

Dies alles deutet darauf hin, daß wir den Tod als zwar einschneidendes, aber doch überaus natürliches Geschehen zu betrachten haben. Daß er kein Ende markiert, sondern einen Übergang, nicht der traurige Abschluß ist, sondern ein wichtiger Neubeginn!

Aber wie kommen wir nun zur Überzeugung, daß dem wirklich so ist? Wenn uns die Wissenschaft lediglich Anhaltspunkte zu bieten vermag und nur erste, zaghafte Einblicke gewährt in eine Welt, die weiteren Forschungen aller Wahrscheinlichkeit nach immer unzugänglich bleiben wird, wie können wir dann wissend werden über den Tod – ohne nun einfach irgend etwas zu glauben?

»Wie jede Blüte welkt und jede Jugend
Dem Alter weicht, blüht jede Lebensstufe,
Blüht jede Weisheit auch und jede Tugend
Zu ihrer Zeit und darf nicht ewig dauern.
Es muß das Herz bei jedem Lebensrufe
Bereit zum Abschied sein und Neubeginne,
Um sich in Tapferkeit und ohne Trauern
In andre, neue Bindungen zu geben.
Und jedem Anfang wohnt ein Zauber inne,
Der uns beschützt und der uns hilft, zu leben.
Wir sollen heiter Raum um Raum durchschreiten,
An keinem wie an einer Heimat hängen,
Der Weltgeist will nicht fesseln uns und engen,
Er will uns Stuf' um Stufe heben, weiten.
Kaum sind wir heimisch einem Lebenskreise
Und traulich eingewohnt, so droht Erschlaffen;
Nur wer bereit zu Aufbruch ist und Reise,
Mag lähmender Gewöhnung sich entraffen.

Es wird vielleicht auch noch die Todesstunde
Uns neuen Räumen jung entgegensenden,
Des Lebens Ruf an uns wird niemals enden ...
Wohlan denn, Herz, nimm Abschied und gesunde!«

Hermann HESSE

Jenseits der fünf Sinne

Sich ein richtiges Bild davon zu machen, was nach dem Tode geschieht, setzt eigentlich voraus, daß wir uns zuerst einmal bewußt darüber werden, was wir vor dem Sterben erleben. Wir müssen uns die Frage stellen, *was denn eigentlich das Leben ist.* Gehört es zur Materie, zu unserem Körper? Liegt es nur im Zusammenwirken unserer fünf Sinne, dem Hören, Sehen, Tasten, Riechen und Schmecken?

Aus wissenschaftlicher Sicht ist zu dieser Frage schlicht und einfach anzumerken: Man weiß es nicht! Zwar gibt es eine große Zahl an Definitionen und Theorien zum Begriff Leben. Letztlich aber befriedigen sie alle nicht endgültig, weil sie zwar Auswirkungen, nicht aber das Wesen des Lebens beschreiben.

Dieses läßt sich weder fassen noch beweisen! Es bleibt uns also nur übrig, es als eine alltägliche Selbstverständlichkeit hinzunehmen, die sich unserem verstandesmäßigen Begriffsvermögen vollends entzieht.

Indes steht fest, daß die Welt, in der wir leben, unmöglich aus sich selbst heraus geworden sein kann. Warum lebt und bewegt sich alles um und in uns überhaupt? Woher kommt die pulsierende Wärme, die Lebenskraft, die die Schöpfung durchströmt? Wie entstand das alles zu Beginn?

Viele Menschen, die ernsthaft über solche Fragen nachdenken, anerkennen eine höhere Macht, die hinter allem Sichtbaren, Belebten, Formgewordenen wirkt. Dabei ist es vorerst ganz egal, ob wir diese treibende Lebenskraft nun „Urenergie" nennen, „göttliche Macht" oder „Schöpferkraft", denn die Tatsache ihres Wirkens bleibt davon unberührt. Aber ohne diese dahinterstehende Urkraft würde es keine Schöpfung geben, kein All, auch nicht uns Menschen! Auch Nobelpreisträger Albert Einstein (1879–1955), dessen Arbeiten das Weltbild der modernen Physik fundamental weiterentwickelten, bekannte sich beispielsweise offen zu Gott und prägte den bis heute so wichtigen Satz: „*Naturwissenschaft ohne Religion ist lahm!*" Er sagte aber auch: „*Religion ohne Naturwissenschaft ist blind*", weil Glaube ohne logische Sachlichkeit niemals überzeugend, sondern eben nur „blind" sein kann.

Führt uns der einfache Gedanke an eine „höhere Macht" als Ursprung des Lebens nun nicht auf eine wichtige Spur? Bekennen wir uns, indem wir vom Sein eines Schöpfers überzeugt sind, nicht dazu, daß es jenseits des Sichtbaren, mit den fünf Sinnen Erfaßbaren, noch etwas gibt? Und wenn das so ist … was sollte dann dagegen sprechen, daß es außer der uns vertrauten physischen Welt tatsächlich noch andere, jenseitige Schöpfungsebenen gibt, in denen wir nach dem physischen Tod weiterleben können?

Tatsächlich steht die Frage, ob ein „Jenseits", in welchem die Menschenseele weiterhin bestehen könnte, überhaupt denkbar ist, ganz am Beginn aller Überlegungen zu einem Leben nach dem Leben. Für spirituell oder religiös orientierte Menschen ist die Antwort klar. In den Naturwissenschaften hingegen galt es lange Zeit als besonders fortschrittlich, nur das Sicht- oder Meßbare, das Beweis- und Wiederholbare als wirklich bestehend gelten zu lassen. Man lehnte es von vornherein ab, sich mit anderem zu beschäftigen.

Doch seit einigen Jahrzehnten gibt es auch unter tiefer denkenden Wissenschaftlern ein Umdenken. Denn je weiter man in den Mikrokosmos der Materie vordringt, je intensiver man die Erkenntnis dessen anstrebt, was „die Welt im Innersten zusammenhält", desto mehr entgleitet den Forschern die Materie. Ergebnisse in der sogenannten Quantenphysik haben gezeigt, daß unsere Welt eben nicht einem maschinellen Räderwerk gleich vorausberechenbar ist, daß Materie sich ebensogut als Welle wie als Teilchen zeigen kann. Man hat auch erkannt, daß jede Beobachtung bzw. Messung das Meßergebnis beeinflußt, daß alles mit allem in Verbindung steht und daß das, was wir als die „Wirklichkeit" beobachten, sich erst durch unser Bewußtsein als solche darstellt.

Aus alldem folgert beispielsweise der Grazer Universitätsprofessor Franz Moser in seinem Buch „Bewußtsein in Raum und Zeit"[3], daß es eine Wirklichkeit geben muß, in der unsere Vorstellungen von Zeit und Raum nicht mehr zutreffen. Er

3 Vgl.: Franz Moser: „Bewußtsein in Raum und Zeit", Leykam, Graz, 1989

meint, daß mittlerweile „*durch die Wissenschaft die Vorstellungen eines Seins aufleben, wie sie analog in religiöser Sprache mit Diesseits und Jenseits bezeichnet werden!*"

Vereinfacht, als Brücke zwischen dem religiös-spirituellen und dem naturwissenschaftlichen Weltbild, könnte man sich also auf folgende Sprachregelung einigen: Der Begriff „Diesseits" beschreibt alles das, was uns auf irgendeine Weise mit den fünf Sinnen zugänglich ist, was auch unser Verstand begreifen kann und was wir sehen, oder doch wenigstens mit technischen Hilfsmitteln beobachten beziehungsweise messen können. Der Begriff „Jenseits" hingegen umfaßt alles das, was möglicherweise ebenfalls besteht, aber eben *jenseits* unserer fünf Sinne liegt, was wir also vielleicht religiös erfahren, aber (noch) nicht wissenschaftlich beweisen können.

An dieser Stelle können wir die Existenz eines „Jenseits der fünf Sinne" einmal als eine Art Arbeitshypothese im Raum stehen lassen. Es gibt ja keinen plausiblen Grund dafür, es prinzipiell anzuzweifeln, weil ja schon der Ursprung der Materie, die Antwort auf die Frage, was denn das Leben ist, wie wir gesehen haben, über das irdisch-sichtbare Diesseits weit hinausreicht.

Zudem sollten wir auch aus der Entwicklungsgeschichte unserer Naturwissenschaften längst gelernt haben vorsichtig zu sein, was die Endgültigkeit des menschlichen Wissens anbelangt. Wie oft glaubten wir zum Beispiel, alles Sichtbare schon zu kennen, die kleinsten, „unteilbaren" Bausteine der Materie gefunden zu haben, und konnten später, nach der Entwicklung neuer Mikroskope und Meßeinrichtungen, plötzlich faszinierende, ganz neue Ebenen des Seins entdecken, deren Existenz wir vordem wahrscheinlich vehement bestritten hätten – eben nur, weil sie für uns nicht greifbar waren.

Im Grunde müßte es überhaupt nicht mehr um die Diskussion darüber gehen, *ob* es ein Jenseits im Sinne der obigen Sprachregelung gibt oder nicht. Als zentraler Punkt drängt sich im Hinblick auf ein Weiterleben nach dem Tod doch vielmehr die Frage auf, ob diese jenseitige Welt denn so beschaffen ist, daß sie *uns* eine Heimstätte sein kann. Gibt es Hinweise dafür, daß wir als Menschen irgendeinen Zugang, eine Verbindung zu jenseitigen „Ebenen“ haben?

Ginge man davon aus, daß der Mensch nur der mit den fünf Sinnen faßbare physische Körper ist, müßte man zugeben, daß uns möglicherweise bestehende nichtkörperliche, jenseitige Welten nicht viel zu bedeuten haben.

Aber ist es tatsächlich so? Sind wir Menschen tatsächlich nur die Summe aus Haut, Knochen und jenen grauen Zellen, die angeblich unseren Verstand ausmachen?

Wenn wir klare Hinweise darauf finden könnten, daß der Mensch mehr wäre als nur sein Körper, daß wir also alle auch Nichtstoffliches in uns tragen, so müßte uns doch wohl auch in irgendeiner Form ein Zugang zu diesem Jenseits möglich sein. Aber wie finden wir solche Hinweise, ohne uns fragwürdigen spirituellen Praktiken zuzuwenden oder uns in esoterische Halbwahrheiten zu versteigen?

»Was hohen Trachtens den Verstand
Und heißen Schlags das Herz bewegt,
Das alles wird zum Possenstand,
Wenn sich der Mensch zum Sterben legt.«
Wilhelm JENSEN

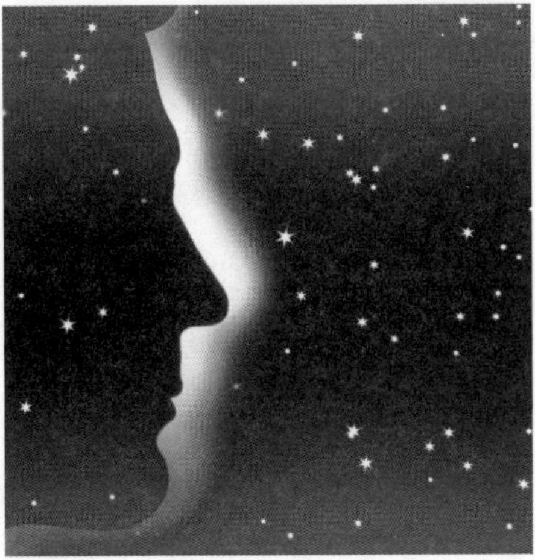

Das Jenseits in uns

Tatsächlich ist es gar nicht so schwer, Hinweise darauf zu finden, daß wir „Nichtstoffliches“ in uns tragen. Wir müssen uns dazu nur einmal eingehender mit dem beschäftigen, was man so treffend als die „Innenwelt“ des Menschen bezeichnet, die man ja – gleich dem Jenseits – ebenfalls als „nichtphysisch“ beschreiben kann.

Leider übersehen wir ja nur zu oft, worin unser Menschsein eigentlich liegt! In Wahrheit ist es ja keineswegs nur die Verstandesintelligenz, die uns von der unbelebten Materie, aber auch von allen Pflanzen oder Tieren unterscheidet, und auf die wir so überaus stolz sind. Die Natur des Menschseins liegt auf einer anderen Ebene. Was uns als Menschen auszeichnet, ist in erster Linie einfach das, was wir so treffend als *Menschlichkeit* bezeichnen: Empfindungskraft, unsere Fähigkeit zur Liebe und Gerechtigkeit, unser freier Wille und das dazugehörige Verantwortungsbewußtsein, der menschliche Schönheitssinn oder auch unser Bedürfnis nach Ausdruck, Kunst und Kultur. Alles dies hat nicht direkt mit dem körperlichen Verstand zu tun, sondern es wurzelt im „Jenseits in uns". Es berührt unsere intellektuellen Möglichkeiten erst in zweiter Linie, spiegelt sich aber vor allem in dem wider, was wir als die *Empfindung* oder als das *Gemüt* bezeichnen.

Der Verstand gehört demnach zum Gehirn, zum Körper; er ist ein wichtiges, ja, unverzichtbares Werkzeug für unser physisches Leben. Die Erlebnis- und Empfindungsfähigkeit unserer Innenwelt aber entstammt nicht diesem Gehirn. Sie steht für sich. Ein bestens geschulter Akademiker kann durchaus menschlich unmöglich sein. Umgekehrt mag ein völlig Ungebildeter sich als diesbezüglich herausragend erweisen. Das eine steht mit dem anderen nicht zwangsläufig in Verbindung.

Die uns so vertraute Innenwelt, unsere Gedankenbilder, Empfindungen und Gemütsregungen, sie beschreiben das eigentlich Menschen*geistige.* Und dieses ist, ähnlich dem Leben selbst, weder meß-, noch wäg- oder beweisbar – und dennoch wird niemand daran zweifeln, daß es Liebe, Schönheit, Anmut oder Treue gibt. Solche lebensdurchdrungenen Momente können wir zwar bewußt empfinden, niemals aber vermögen wir sie festzuhalten, nachzubilden, zu reproduzieren. Bei der Empfindungsfähigkeit des Menschen endet auch alles technisch Machbare. Niemals könnte es gelingen, die Lebensfreude des menschlichen Gemütes einem Roboter anzueignen. Auch die fortschrittlichste, reaktionsschnellste und lernfähigste künstliche Intelligenz wird niemals empfinden können, erlebensfähiges menschliches Bewußtsein in sich tragen! Denn dieses erhebt sich, wie wir noch sehen werden, über Raum und Zeit.

Was uns als Menschen also auszeichnet, sind ganz klar nichtstoffliche, also eben *jenseitige* Fähigkeiten. Wir sind erlebnis- und empfindungsfähig! Und dies ist ein ganz wesentlicher Punkt. Denn wir haben damit nicht nur unsere menschlichen Qualitäten umrissen, sondern zugleich auch unsere innere Natur berührt, das „Ich" des Menschen.

Damit sind wir auch der Beantwortung der Schlüsselfrage, ob es für uns einen Zugang zum Jenseits geben könnte, ein gutes Stück näher gekommen. Denn wenn wir Nicht-Physisches, Nicht-sinnlich-Erfaßbares selbst in uns tragen, dann ist uns ein natürlicher Zugang zum sogenannten Jenseits gewissermaßen mit in die Wiege gelegt. Klarer gesagt: Wir sind diesem Jenseits durch unsere Innenwelt ständig verbunden – etwa durch die empfindungsdurchdrungenen Bilder unserer Gedanken!

In diesen Zusammenhang paßt ein Buchtitel des bekannten Wissenschaftspublizisten Hoimar von Ditfurth. Er nannte eines seiner Werke treffend: *Wir sind nicht nur von dieser Welt!* Nicht umsonst wurde der Mensch in der Mythologie so oft als ein „Weltenwanderer" bezeichnet, als Pendler zwischen dem sichtbaren Diesseits und einem unsichtbaren „Jenseits der fünf Sinne"!

Mit der Erkenntnis unserer *inneren* Natur haben wir uns gleichzeitig auch einer anderen zentralen Frage genähert, die mit dem Leben nach dem Tod untrennbar verbunden ist: Gibt es eine menschliche Seele? Ist es denkbar, wie es auch die Ausleibigkeitserfahrungen vermuten lassen, daß wir tatsächlich etwas in uns tragen, das nach dem Tode weiterzuleben vermag?

Die Seele des Menschen

Mitunter werden gläubige Menschen, die aus ihrer religiösen Einstellung heraus von der Existenz einer nichtstofflichen, unsterblichen Seele überzeugt sind, von ihren materialistisch orientierten Zeitgenossen milde belächelt, weil diese so etwas als „Wunschdenken" bezeichnen. Auch mancher Wissenschaftler, der in seinen Forschungen nur das Sichtbare gelten lassen will, schlägt bisweilen in dieselbe Kerbe, wenn er meint, eine Seele im Menschen sei „noch nie nachweisbar" gewesen.

Dabei sollte man sich allerdings vor Augen führen, worauf die gesamte naturwissenschaftliche Arbeit fußt. Im Grunde doch allein auf der Tätigkeit des menschlichen Verstandes! Dieser aber vermag naturgemäß nur das zu analysieren und zu verarbeiten, was seiner eigenen Art entspricht, also Körperliches, Diesseitiges! Was immer jenseits unserer Raum- und Zeitbegriffe liegt, können wir wissenschaftlich nicht nachweisen, das liegt einfach in der Natur der Sache.

Dennoch haben wir gesehen, daß es Nichtstoffliches, Jenseitiges im Menschen gibt, ja, daß unser Menschsein untrennbar damit verbunden ist. Nicht zu Unrecht spricht man im Hinblick auf die Innenwelt des Menschen von seinen „seelischen Eigenschaften". Der Ausdruck „Seele" faßt dabei zusammen, was den nichtphysischen, jenseitigen Menschen ausmacht.

Es sollte nicht erstaunen, daß man die Seele physikalisch nicht nachweisen kann. Denn eigentlich ist das Bemühen ja absurd, etwas Nicht-Materielles mit materiellem Gerät erforschen zu wollen. Bildhaft gesprochen so, als würde man versuchen, mit einem Sieb Wasser zu schöpfen – und dabei noch trotzig darauf beharren, daß dieses Werkzeug das einzige dafür in Frage kommende ist.

Wenn wir den Begriff „Seele" vorerst also als Sammelbezeichnung für die Innenwelt des Menschen benutzen, so ist es wichtig, daß davon kein allzu verschwommenes Bild entsteht. Denn es geht bei der Seele um keine Nebensächlichkeit, nicht um ein unsichtbares „Beiwagerl" des Körpers, sondern vielmehr um das *Zentrum* unseres bewußten Menschseins.

Tatsächlich steht die menschliche Seele im engsten Zusammenhang mit unserem Ich-Bewußtsein.

Denn in der Frage nach einer Seele, die unabhängig vom körperlichen Tod erlebnisfähig bleibt, steckt die Frage nach unserer Erlebnisfähigkeit *überhaupt.* Was ist dieses geheimnisvolle „Ich", das unsere Persönlichkeit ausmacht und bewußt die Welt durchwandert?

Und wieder stehen wir vor einer zentralen Lebensfrage, bei deren Beantwortung uns die Wissenschaft unbefriedigt zurückläßt.

Bei allem, was unseren Körper betrifft, seine Entwicklung, Bedeutung und Funktion, wissen wir um die wichtigsten Zusammenhänge Bescheid und wenden wir die Erkenntnisse in der Medizin auch vielfach zum gesundheitlichen Nutzen aller an. Sobald wir aber tiefer schürfen und das Bewußtsein des Menschen, sein „Ich", ergründen wollen, stoßen wir in eine große Grauzone vor, in der uns auch die traditionelle Psychoanalyse nicht wirklich weiterhilft.

Wohl wurden seit etwa einem Jahrhundert viele neue Begriffe geprägt, die sogenannte „seelische Störungen" beschreiben, und es wurde auch manche erfolgreiche Behandlungsmethode entwickelt, um „psychische Leiden" zu lindern; kurz: man weiß mit seelischen Belangen mehr oder weniger umzugehen. Was aber nach wie vor unfaßbar blieb, ist das *Wesen* des menschlichen Bewußtseins. Man weiß nicht, was es überhaupt ist! Und man wird es wohl auch niemals wissen, solange man den Ursprung des menschlichen Bewußtseins im Körper vermutet, im Materiellen.

Dabei weist doch so vieles darauf hin, daß unser bewußtes „Ich" etwas von diesem stofflichen Körper Unabhängiges ist. Zu Recht sagt man beispielsweise „mein Körper" – und beschreibt mit dem Wort „mein" klar und deutlich ein Besitzverhältnis. Sollte der Besitzer, das „Ich", das Bewußtsein in der „Maschine Körper", demnach nicht etwas Selbständiges, vom Physischen Unabhängiges sein?

Eben darauf weist doch auch der eigene Lebensweg hin: Wer sich selbst rückblickend beobachtet, wird finden, daß sich im Laufe seines Lebens wohl der physische Körper veränderte, wahrscheinlich auch manche Gedanken, aber das „Ich“ blieb doch immer dasselbe. Jeder Mensch verbleibt *er selbst.* Das bewußte „Ich“ reift zwar durch die Lebenserfahrungen, entwickelt sich zu immer größerem Selbstbewußtsein, aber es altert nicht mit dem Körper. Es betätigt und belebt ihn, ist ihm also verbunden, verbleibt aber doch *unabhängig.*

Und diese für uns alle ja erlebbare Unabhängigkeit führt einmal mehr zum Schluß, daß der Mensch nicht nur sein äußerer Körper sein kann. Das „Ich“, unsere innere Natur, ist etwas Selbständiges, von Raum und Zeit Unabhängiges! Und die Seele ist folglich nichts anderes als der nichtstoffliche *Sitz* unseres geistigen Ich-Bewußtseins.

Man könnte das Gesamtbild an dieser Stelle bereits auch verfeinern und die Seele als *Hülle* dieses geistigen Ich-Bewußtseins definieren. Demnach würde sich der bekannte „Dreiklang *Geist – Seele – Körper*“ – sehr vereinfacht dargestellt – so zeigen wie im Steckpuppenspiel: Der Geist als belebender Kern „steckt“ ganz drinnen, umhüllt vom feinstofflichen Seelenkörper, während dieser für die Zeit seines Erdenlebens dann auch noch vom physisch-grobstofflichen Körper umgeben ist.

Freilich muß bei einem solchen Bild deutlich dazu gesagt werden, daß es sich um ein Gleichnis handelt und unser Wortschatz lebendige Vorgänge in jenseitigen Ebenen zwangsläufig nur unzureichend beschreiben kann. In Wirklichkeit handelt es sich beim Zusammenwirken von Geist, Seele und Körper natürlich um keine starren „Einkapselungen“ oder ähnliches, sondern um immer „feiner“ werdende Körper, die auf besondere Weise – nämlich durch „Strahlungsbrücken“ – miteinander verbunden sind.

Leben und Tod, Schlaf und Traum

Wir haben aus verschiedenen Blickwinkeln erörtert, warum es ein Jenseits geben muß, wir haben gesehen, daß wir dieser Jenseitswelt in aller Natürlichkeit durch unsere innere Seelenwelt verbunden sind, und wir konnten zuletzt feststellen, daß die Seele der Sitz unseres Ich-Bewußtseins ist.

Damit haben wir nun auch einen bedeutenden Schlüssel in die Hand genommen zum Verstehen der Vorgänge beim körperlichen Tod. Denn wenn die Seele tatsächlich unabhängig vom vergänglichen Erdenkörper ist, so bedeutet der Tod nichts anderes als das Ablegen einer Hülle, das Zurücklassen eines Werkzeugs.

Die bekannte Sterbeforscherin Dr. Elisabeth Kübler-Ross formulierte:

> *»Ich glaube, es ist jetzt Zeit, daß die Leute wissen, daß der Tod gar nicht existiert, wenigstens nicht so, wie wir uns das vorstellen. – Der Tod ist ganz einfach das Heraustreten aus dem physischen Körper, und zwar in gleicher Weise, wie ein Schmetterling aus seinem Kokon heraustritt.«* (in: „Über den Tod und das Leben danach")

Umgekehrt heißt das freilich auch, daß unser Körper im Tode deshalb erstarrt, weil das Lebendige, Belebende, ihn verläßt – die Seele eben, beziehungsweise der Geist in ihr.

Im großen betrachtet, von einem spirituellen Standpunkt aus, kann man sagen: Die gesamte physische Welt wird belebt, von geistigen und auch von anderen Kräften. Sie selbst trägt kein Leben in sich, sondern stellt nur „materielle Hüllen" zur Verfügung, die pulsschlagartig belebt, also getrieben, bewegt und geformt werden durch jene unergründliche Urkraft, die das an sich tote Irdische „erglühen", also „lebend" werden läßt.

Ein Fünkchen dieser „Lebenskraft", nennen wir es „Geistfünkchen", trägt auch die menschliche Seele in sich. Dadurch vermag sie den Erdenkörper so lange zu formen und zu beleben, als sie mit diesem in Verbindung steht. Wenn die unsichtbaren Bande zwischen Körper und Seele sich jedoch lösen, tritt der Tod ein. Der Vorgang des Sterbens ist also nichts anderes als die Auflösung einer Verbindung zwischen dem grobstofflichen und dem feinstofflichen, dem diesseitigen und dem jenseitigen Körper – oder, volkstümlich ausgedrückt, zwischen „Leib und Seele".

Im Volksmund scheint das entscheidende Wissen ja noch lebendig zu sein, daß Leib und Seele zweierlei sind und daß sie irgendwie zusammengehalten werden müssen: „Essen und trinken hält Leib und Seele beisammen“, sagt man – und ist damit einem großen Geheimnis auf der Spur. Denn in diesem Zusammenhalt, dieser vereinigenden Strahlungsverbindung, für die das Blut von entscheidender Bedeutung ist, liegt nicht nur die Grundlage für die körperliche Gesundheit jedes einzelnen, sondern überhaupt für unser Leben auf Erden. Daher heißt es im Hinblick auf eine krankheitsbedingte Schwächung der Strahlungsverbindung zwischen Körper und Seele auch so treffend, jemand sei „nicht ganz beisammen“.

Aber nicht nur Krankheit führt dazu, daß die Strahlungsverbindung zwischen Körper und Seele schwächer wird. Wir erleben eine solche Lockerung auch regelmäßig in ganz natürlicher Art und Weise: Wenn wir schlafen! Nicht von ungefähr nennt man den Schlaf den „kleinen Bruder des Todes“. Und tatsächlich geschieht allnächtlich etwas, das uns in eindrucksvoller Art und Weise einmal mehr vor Augen führt, daß unsere bewußte Erlebnisfähigkeit nichts mit dem Körper zu tun hat: Wir träumen!

Lange Zeit hat man sich darüber, was der Mensch während des Schlafes erlebt, nicht allzu viele Gedanken gemacht. Das Thema galt als ähnlich unergiebig wie das Sterben.

Mittlerweile aber hat man die Faszination auch dieses Gebietes entdeckt, und es befaßt sich ein ganzer Wissenschaftszweig mit den nächtlichen Vorgängen um Körper und Seele: Schlafforscher haben eigene Traumlabors eingerichtet und bereits sehr genau festgehalten, was mit jedem Menschen während der Nacht geschieht.

Dabei kam man zu ähnlich unerwarteten Ergebnissen wie die Sterbeforschung auf ihrem Gebiet. Denn plötzlich standen Beobachtungen im Raum, die sich eigentlich nur dann schlüssig erklären lassen, wenn man eine vom Körper unabhängige Seele annimmt.

Was also geschieht in der Nacht? Der Übergang vom aktiven Wachzustand zum tiefen Schlaf erfolgt stufenweise. Voraussetzung ist eine weitgehende Entspannung des Körpers, die sich normalerweise aus der natürlichen Müdigkeit am Ende des Tages ergibt. Wir liegen flach, und das Gehirn verfällt, ähnlich dem übrigen Körper, in einen entspannten Ruhezustand. Man hat gemessen, daß der Gehirnstrom im Wachzustand des Menschen etwa 30 Schwingungen pro Sekunde aufweist, während er im Schlaf bis zu einer halben Schwingung pro Sekunde absinkt. Indes führen uns die Gedanken, denen wir beim Einschlafen nachhängen, in eine andere Welt …

Manche Menschen erleben mitunter das Gefühl des Fallens, des Zusammenzuckens kurz vor dem endgültigen Tiefschlaf. In diesem Moment schaltet das Tagbewußtsein ab, und wir können uns an das, was nun folgt, gewöhnlich nicht erinnern, wenn am nächsten Morgen das körperbezogene Wachbewußtsein wieder „anspringt".

Nun hat man festgestellt, daß jeder Mensch allnächtlich lebhaft träumt. Unter der Annahme, daß der Schlaf doch nur der Erholung des Körpers diene und die Bewußtlosigkeit der Entspannung des Gehirns, wäre doch eigentlich zu erwarten gewesen, daß sich in dieser Ruhephase nichts tut. Hingegen beobachteten die Schlafforscher ausnahmslos ein höchst lebendiges Traumgeschehen. Besonders intensive Traumphasen erkennt man daran, daß sich die Augen des Schlafenden hinter den geschlossenen Lidern ruckartig und schnell bewegen.

Diese „rapid eye movements" – der englische Ausdruck für „schnelle Augenbewegungen" – gaben einer Schlafphase, die etwa alle 90 Minuten auftritt und im Durchschnitt jeweils ca. 45 Minuten lang währt, ihren Namen: REM-Schlaf. Wird ein

Schlafender in einer dieser Phasen geweckt, findet sein Erleben Eingang ins Tagbewußtsein, und er berichtet meist von besonders intensiven Träumen.

Eindringliche Erlebnisse zu Zeiten absoluten Tiefschlafes, wobei die Muskeln des Körpers wie gelähmt sind! Wie ist so etwas zu erklären? Die Schlafforscher, die all das gerne als „Gehirngewitter" oder „kreatives Spielzeug des Unterbewußten" zu beschreiben versuchen, stehen letztlich doch vor einem Rätsel. Denn eine schlüssige Erklärung dafür, warum wir überhaupt träumen, können sie nicht geben. Man weiß nicht, wie es kommen kann, daß sich der Mensch auch nachts „hautnah" durch eine Fülle von Ereignissen bewegt, während alle seine Körper- und Gehirnfunktionen gleichzeitig auf „Sparflamme" gedreht sind.

Aber weisen diese eigentlich scheinbar völlig paradoxen Beobachtungen nicht einmal mehr auf ein vom Körper unabhängiges Seelenleben hin? Könnte es nicht sein, daß der schlafende Körper durch die ruckartigen Augenbewegungen nur notdürftig und wie im Windschatten etwas nachvollzieht, was die Seele währenddessen in einer jenseitigen Welt erlebt?

Auch die Geschwindigkeit unserer Träume läßt vermuten, daß die Seele während des körperlichen Schlafes Ebenen jenseits des irdischen Raum-Zeit-Gefüges durchwandert: In wenigen Sekunden bringen wir im Traum oft weitreichende Zeitläufe hinter uns, wobei uns das nächtliche Erleben ebenso „echt" erscheint wie das im körperverbundenen Wachzustand.

So sind die Träume ein weiterer Hinweis darauf, daß unser „Ich" auch ohne den physischen Körper erlebnisfähig ist. In seiner „Gralsbotschaft"[4], einem herausragenden Werk zu weltan-

4 Abd-ru-shin: „Im Lichte der Wahrheit – Gralsbotschaft", Verlag der Stiftung Gralsbotschaft, Stuttgart, 1998

schaulichen Fragen, das bereits vor 70 Jahren erstmals publiziert wurde, erklärt Abd-ru-shin den Vorgang so:

> *»Sogar beim Schlaf des grobstofflichen Körpers erfolgt eine Lockerung des festen Anschlusses der Seele, weil der Körper im Schlafe eine andere Ausstrahlung gibt, die nicht so fest hält, wie die für den festen Anschluß bedingte. Da diese aber noch zu Grunde liegt, erfolgt nur eine* Lockerung, *keine Trennung. Diese Lockerung wird bei jedem Erwachen sofort wieder aufgehoben.«* (Band 3, Vortrag „Der Name“)

Das plötzliche In-den-Tiefschlaf-Fallen, der mitunter nochtagbewußt miterlebte „Ruck“ beim Einschlafen, ist demnach der Augenblick der Lockerung der Seele, ihres „Abhebens“ in andere Regionen der Schöpfung, das durch die verminderte Ausstrahlung des ruhenden Körpers möglich wird!

Erinnern die rasch ablaufenden Traumerlebnisse an der Schwelle zum irdischen Tagbewußtsein nicht deutlich an den so oft beschriebenen „Lebensfilm“ an der Schwelle des Todes? In beiden Fällen ermöglicht die Lockerung der Strahlenverbindung zwischen „Leib und Seele“ Erlebnisse jenseits irdischer Raum- und Zeitbegriffe.

So führt uns der „kleine Bruder“ Schlaf auf die Spur seines „großen Bruders“ namens Tod …

> *»Das Leben ist eine Reise,*
> *die heimwärts führt.«*
> ***Herman MELVILLE***

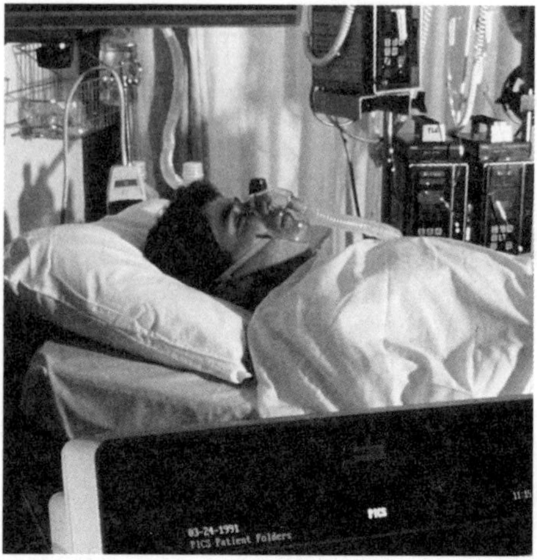

Wann ist der Mensch tot?

Wir haben bisher gesehen, daß es ein „Jenseits der fünf Sinne“ geben muß, daß der Mensch nicht allein sein Körper ist, sondern auch eine Seelenhülle sein eigen nennt, und daß diese nicht-stoffliche Seele zugleich der Sitz seines „Ich-Bewußtseins“ ist. Körper und Seele sind durch eine Strahlungsbrücke miteinander verbunden. Diese lockert sich im Schlaf, und sie löst sich auf, wenn wir sterben.

Damit sollte das Grundbild deutlich geworden sein: Wir sterben durch den Tod deshalb nicht, *weil wir nicht der Körper sind!* Dieser könnte aus sich selbst heraus überhaupt nie lebendig sein! Mensch zu sein bedeutet mehr, als nur seine fünf Sinne und einen Verstand zu besitzen! Es heißt, einen erlebnis- und entwicklungsfähigen Geistfunken in sich zu tragen, sich seiner selbst bewußt zu sein!

Mit diesen grundlegenden Erkenntnissen kommen wir den großen Geheimnissen am Ende des Lebens nun Schritt für Schritt näher. Dabei sollte das Wissen um die wichtigsten Zusammenhänge vor allem dazu führen, sein Leben bewußter und verantwortungsvoller zu gestalten ... und vielleicht in mancher entscheidenden Frage umzudenken – etwa im Hinblick auf die Sterbebegleitung oder auf Organtransplantationen.

Mit dem Folgenden werden wir den Bereich des wissenschaftlich Faßbaren weitestgehend verlassen. Im Mittelpunkt der Betrachtungen soll der Vorgang des Todes aus geistiger Sicht und auch das Leben danach in den jenseitigen Schöpfungsebenen stehen.

Um aber auch weiterhin auf dem Boden der Tatsachen zu bleiben, beziehungsweise größtmögliche Klarheit und Folgerichtigkeit in den Gedankengängen anzustreben, seien nun vor allem die Erklärungen der bereits erwähnten „Gralsbotschaft" von Abd-ru-shin herangezogen. Denn dieses außergewöhnliche Werk entrollt auf der Basis einfach verständlicher Schöpfungsgesetze ein bestechend lückenloses Weltbild, das in all den Jahrzehnten seit seinem Erscheinen – es wurde bereits vor rund 80 Jahren publiziert – nichts von seiner umfassenden Gültigkeit verloren hat. Im Gegenteil: Viele naturwissenschaftliche Erkenntnisse und auch die zuvor zitierten Ergebnisse der Sterbeforschung wurden darin schon vor vielen Jahren vorweggenommen; sie erscheinen dem Leser wie kleine Mosaiksteinchen in dem großen Gesamtbild, welches die „Gralsbotschaft" bietet:

»Der Vorgang des Todes selbst ist weiter nichts als die Geburt in die feinstoffliche Welt. Ähnlich dem Vorgange der Geburt in die grobstoffliche Welt. Der feinstoffliche Körper ist mit dem grobstofflichen Körper nach der Lösung eine Zeitlang wie durch eine Nabelschnur verbunden, die um so weniger fest ist, je höher der also in die feinstoffliche Welt Geborene seine Seele schon in dem Erdensein nach der feinstofflichen Welt hin entwickelt hat.« (Band 2, Vortrag „Der Tod")

Dieser Hinweis ist in zweierlei Hinsicht bedeutsam. Zum einen wird angesprochen, daß der seelische Zustand des Sterbenden mit darüber entscheidet, wie schnell sich die Loslösung vom physischen Körper vollziehen kann – ein Thema, mit dem wir uns noch eingehender beschäftigen werden. Zum anderen stellt sich im Hinblick auf das Bild der „Nabelschnur" natürlich die Frage, wann denn die „Abnabelung", also die endgültige Lösung der Strahlungsverbindung zwischen Körper und Seele in natürlicher Weise erfolgt. Das ist – etwa im Hinblick auf Organtransplantationen – eine überaus wichtige Frage, bei der sich eine rein medizinische Sicht, die nur Körperfunktionen vor Augen hat, sehr deutlich von jener Gesamtschau unterscheidet, die auch die langsam sich lösende Seele des Menschen mit in Betracht zieht.

Was den Zeitpunkt des Todes anbelangt, gilt aus medizinischer Sicht heute das sogenannte „Hirntodkriterium". Das heißt, der Tod eines Menschen wird als erwiesen angesehen, sobald Funktionen seines Gehirnes nicht mehr nachweisbar sind.

Der „Hirntod" wird demnach auch als Kriterium dafür herangezogen, ab welchem Zeitpunkt einem Menschen Organe entnommen werden dürfen. Wie fragwürdig allerdings die Annahme ist, ein Mensch sei wirklich schon tot, sobald keine

Hirnfunktionen mehr nachweisbar sind, beweisen immer wieder Fälle aus der Praxis. Ein besonders beeindruckender Erfahrungsbericht ist im Buch „Ungeteilt sterben“[5] nachzulesen. Darin berichtet Dieter Emmerling, ein Theologe, von Erlebnissen am Krankenbett seiner Frau, die ins Spital gebracht werden mußte, nachdem sie plötzlich ohne Lebenszeichen auf dem Fußboden lag. Im Krankenhaus stellte man sodann fest, daß sie „praktisch hirntot“ sei und keine Hoffnungen mehr bestünden.

> *»Lilo lag auf der Intensivstation. Im Mund der Schlauch für die künstliche Beatmung. Infusionsleitungen, Urinauffang neben dem Bett. Der Takt des Beatmungsgerätes bestimmte den Raum. Unregelmäßig hob er die Brust, kein friedliches Bild. Langsam gewöhnte ich mich an die Geräusche. Der Herzschlag, die Frequenz, wurden auf einem Monitor aufgezeichnet, der links vom Bett stand. Zwei Kurven. Schön gleichmäßig – in der Mitte des Bildes.*
>
> *Den Tag verbrachte ich auf der Intensivstation. Was mag meine Frau empfinden, wahrnehmen? Ist es, wie mir der Stationsarzt gesagt hatte: Ihre Frau liegt da, sie hört nichts, merkt nichts, empfindet nichts? Mir kamen die Überlegungen: 95 % hirntot, was ist das? Waren es jetzt bereits 97 % oder 98 %? Wo ist die Grenze?*
>
> *Gegen 18:30 Uhr abends war ich müde, wollte mich zu Hause etwas hinlegen. Zu der Zeit meinte ich noch, meine Frau merke ja sowieso nicht, daß ich im Zimmer sei. – So zog ich meinen Mantel an, blieb einige Zeit an*

5 Gisela Lermann (Hrsg.): „Ungeteilt sterben“, Lermann-Verlag, Mainz, 1995

der Tür stehen, blickte ruhig auf die Beatmete, sah den Monitor mit dem gleichmäßigen Bild der Herzfrequenzen. Da sagte ich: ‚Lilo, ich gehe jetzt nach Hause.‘

Wie ich diese Worte halblaut aussprach: ‚Ich gehe jetzt‘, machten beide Kurven auf dem Monitor einen plötzlichen Ausschlag nach oben und nach unten – bis an die Ränder des Bildschirms. Das kam mir vor wie ein Schrei: Du kannst mich doch jetzt nicht allein lassen!!! Ein stummer Schrei der Angst in einem Körper, der nichts mehr bewegen konnte – aber ein Schrei, der das Herz bewegte, der die elektrischen Ströme veränderte, der aus der Seele auf den Bildschirm schnellte. Da hatte nicht ein Apparat geschrien, da hatte meine Liselotte geschrien.

Natürlich blieb ich die ganze Nacht auf der Intensivstation, mal neben dem Bett sitzend, mal am Fenster stehend. Wir waren nur wenige Wochen vor unserer silbernen Hochzeit. Jetzt hatte ich Stunde um Stunde, um mit leiser Stimme zu sagen: Was war gut in diesen 25 Jahren? Was war danebengegangen? Und um Verzeihung zu bitten oder Versprechen zu machen. Es war keine Monotonie, es war wie eine Art ungesteuerter Dialog. Der Bildschirm gab mir die Antworten. Immer mal wieder schlug die Frequenzaufzeichnung höher und niedriger. Es war, als wenn bei besonders existentiellen Punkten unseres gemeinsamen Lebens Lilos Herz zuckte!«

Am Abend des zweiten Tages wurde Herr Emmerling vom Stationsarzt dann mit der Frage konfrontiert, ob er damit einverstanden sei, daß seiner Frau Organe explantiert werden könnten – man appellierte an sein Christsein, an die Nächstenliebe; doch Herr Emmerling konnte nach seinen Erlebnissen nicht anders als abzulehnen. Allzu fragwürdig war das Hirntodkriterium für ihn geworden.

Tatsächlich dürfte man, wenn man den Sterbevorgang als die Geburt ins Jenseits begreift, bei hirntoten Menschen nicht von Toten sprechen, sondern müßte sie als *Sterbende* bezeichnen. Nur solange der feinstoffliche „Abnabelungsvorgang" noch nicht beendet ist, solange das körperliche Blut als Träger der Strahlungsbrücke noch durchglüht ist vom belebenden Geist, sind Organentnahmen überhaupt möglich. Die Organe einer schon endgültig erkalteten Hülle, also einer wirklichen Leiche, sind medizinisch völlig unbrauchbar!

Und gerade das ist im Hinblick auf Transplantationen der Punkt: Wer sich die – angeblich – toten Menschen betrachtet, die zur Organentnahme vorbereitet werden, findet an ihnen nichts Leichentypisches. Ihr Körper ist durchblutet, der Brustkorb hebt und senkt sich, ja, sie rühren sich mitunter sogar. Medizinische Lehrbücher beschreiben 17 Bewegungen, zum Beispiel des Bauches, der Arme oder der Beine, die von sogenannten „Leichen" ausgeführt werden dürfen. Auch das spontane Umarmen einer Krankenschwester gehört dazu und wird, wie die übrigen Bewegungen auch, als „Reflex" gedeutet.

Abgesehen von diesem sogenannten „Lazarus-Syndrom" weiß man auch, daß während der Organentnahme bei der „Leiche" Blutdruck und Herzfrequenz signifikant ansteigen und der „Tote" bei dem Eingriff allgemein eine große Unruhe zeigt – weshalb er auch meist eine Narkose beziehungsweise Muskelrelaxantien erhalten muß, damit die Explantation in Ruhe durchgeführt werden kann.

Aber auch dieses Verhalten führt man in der allgemeinen medizinischen Lehre kühn auf Nerven- beziehungsweise Muskelreflexe zurück – ohne dafür freilich einen schlüssigen Beweis zu haben. Denn die heutige Hirntoddefinition ist eine mehr oder weniger willkürliche Festlegung, die der Transplantationsmedizin dient. Noch im 20. Jahrhundert galten viele der beobachteten Reflexe als typische Lebenszeichen.

Vor allem aber sollte es meines Erachtens zu denken geben, daß per Definition über den Todeszeitpunkt entschieden wird, ohne daß man überhaupt weiß, was das Leben ist. Wenn man erkennt, daß der *Geist* des Menschen immer erlebnisfähig verbleibt, ergibt sich wie von selbst eine völlig andere Einschätzug der beobachteten Körperreflexe. Es wird deutlich, daß es um tatsächliche Schmerzerlebnisse geht, die solange möglich sind, als noch eine Verbindung der abscheidenden Seele zum Körper besteht. Dies sollte die heute gängige Transplantationspraxis, bei der über Organentnahmen oft nicht die Betroffenen selbst, sondern deren Angehörige entscheiden, einmal mehr in Frage stellen.[6]

Die Fehleinschätzung, daß es sich bei schwerkranken oder sterbenden Patienten bereits um Tote handle, berührt naturgemäß am meisten jene Menschen, die beruflich mit Organtransplantation zu tun haben und in direktem Kontakt mit den Betroffenen stehen. Vor allem das Pflegepersonal hat bisweilen mit großen Gewissenskonflikten zu kämpfen, wie es zum Beispiel die folgenden Berichte einer OP-Schwester beziehungsweise einer Anästhesieschwester an einem österreichischen Transplantationszentrum zum Ausdruck bringen:

> *»Wenn man danebensteht und ein Arm kommt von einem Toten hoch und faßt einen so an den Körper oder um den Körper, das ist furchterregend.«*

6 Mehr zum Thema Organtransplantation findet der interessierte Leser in: „GRALSWELT Themenheft", Heft 1/1998.

»Wir haben das Kind auf den OP-Tisch gelegt, es war drei Jahre alt, und dieses Kind hat beim Auflegen auf den Tisch die Arme bewegt (...) und da haben wir gesagt, das machen wir jetzt nicht und haben dieses Kind gegen den Willen der Ärzte auf die Intensivstation wieder zurückgebracht.«[7]

Vielleicht tragen solche Berichte, wie sie in dem lesenswerten Buch „Herzloser Tod" zusammengefaßt sind, zu einem Umdenken bei. Denn der heute eingeschlagene Weg, daß die medizinische Praxis zunehmend hochtechnisiert, gleichzeitig aber entmenschlicht wird, läuft nicht nur auf eine Entwürdigung des Todes hinaus, sondern sie stellt sich auch unserem natürlichen Bezug zum Leben entgegen. Denn das, was wir – etwa beim Anblick eines Sterbenden – *empfinden*, sollte immer die Richtschnur für unser Handeln bleiben. Das genannte Buch, das auf Interviews mit Betroffenen der heutigen Transplantationspraxis aufbaut, wurde im Jahr 2000 auf Initiative der Zeitschrift „Bild der Wissenschaft" als „Wissenschaftsbuch des Jahrs" ausgezeichnet. Vielleicht ein Hoffnungsschimmer ...

»Jede Blüte will zur Frucht,
Jeder Morgen Abend werden.
Ewiges ist nicht auf Erden,
Als der Wandel, als die Flucht.«
Hermann HESSE

7 Zitiert aus: Ulrike Baureithel/Anna Bergmann: „Herzloser Tod – Das Dilemma der Organspende", Klett-Cotta, 2001. Ein Interview mit den Autorinnen finden Sie in GRALSWELT Heft 22/2002

Das Hinübergehen des Menschen

Der physische Körper ist über den Hirntod hinaus noch mehr oder minder lang über die sogenannte „silberne Schnur“ mit dem feinstofflichen Körper verbunden. Dieser lebenspendende Verbindungsstrang zwischen „Leib und Seele“ ist schon seit biblischen Zeiten bekannt, wurde von Salomo im Alten Testament als „Silberstrick“ bezeichnet[8] und kann von manchen Menschen auch heute noch beobachtet werden.

---

8 Vgl.: „Altes Testament“, Prediger 12, 6

Dabei ist es wichtig zu wissen, daß beim Sterbevorgang über den Zeitpunkt der endgültigen „Abnabelung", also den unwiderruflichen Tod des Körpers durch das Zerfallen der silbernen Schnur, nicht nur der Zustand der erkaltenden Hülle entscheidet. Ebenso bedeutsam ist die seelische Verfassung des Menschen, der hinübergeht. Denn unsere innere Ausrichtung, unsere Lebenseinstellung bestimmt ganz wesentlich mit darüber, wie lange noch eine letzte Verbindung zum Körper besteht.

In der „Gralsbotschaft" heißt es dazu:

> *»Je mehr er [der Mensch] sich selbst durch sein Wollen an die Erde kettete, also an das Grobstoffliche, und so von dem Fortleben in der feinstofflichen Welt nichts wissen wollte, desto fester gefügt wird durch dieses sein eigenes Wollen auch diese Schnur sein, die ihn an den grobstofflichen Körper bindet...*
>
> *Anders mit den Menschen, die den Aufstieg zu allem Edleren schon in dem Erdensein begannen. Weil diese die Überzeugung des Schrittes in die feinstoffliche Welt lebendig in sich tragen, ist die Loslösung auch viel leichter. Der feinstoffliche Körper und mit ihm die Verbindungsschnur ist nicht dicht, und dieser Unterschied in ihrer gegenseitigen Fremdheit mit dem grobstofflichen Körper läßt die Loslösung auch sehr schnell erfolgen, so daß der feinstoffliche Körper während des ganzen sogenannten Todeskampfes oder der letzten Muskelzuckungen des grobstofflichen Körpers schon lange* neben *diesem steht, wenn überhaupt von einem Todeskampfe bei normalem Sterben eines solchen Menschen gesprochen werden kann. Der lose, undichte Zustand des Verbindungsstranges läßt den danebenste-*

henden feinstofflichen Menschen keinerlei Schmerzen mitempfinden, da dieser leichte Verbindungsstrang in seinem undichten Zustande keinen Schmerzleiter vom Grobstofflichen zum Feinstofflichen abgeben kann.« (Band 2, Vortrag „Der Tod")

Selbstverständlich spielen beim Hinübergehen eines Menschen auch dessen persönliche Bindungen zu den nächsten Angehörigen eine entscheidende Rolle.

Der Tod ist immer ein einschneidendes Erlebnis, sowohl für den Hinübergehenden als auch für die ihm verbundenen Hinterbliebenen. Er fordert ein – zumindest vorübergehendes – Abschiednehmen und markiert eine Zäsur im Sein des Menschen. Immer aber sollten wir uns bewußt sein: Der Tod ist nicht das Ende! Das Sterben treibt uns nur zum Weiterreisen auf der großen Lebensfahrt.

Wer von einem geliebten Mitmenschen Abschied nehmen muß, sollte dabei fähig sein, seinen Trennungsschmerz hintanzustellen, um der sich lösenden Seele den Schritt in das Jenseits zu erleichtern. Der Moment des „Abkoppelns" vom Erdenkörper kann für den Sterbenden ja ein durchaus freudiger sein, um so mehr, wenn er damit der Schmerzen und Hemmnisse einer durch Krankheit oder Alter gezeichneten Hülle ledig wird.

Daher sollten wir, vor allem auch bei Beisetzungshandlungen, in erster Linie den Hinübergehenden mit guten Gedanken auf seinem weiteren Weg unterstützen – und ihn nicht in egoistischem Eigensinn wieder zurückwünschen.

In der „Gralsbotschaft" heißt es dazu:

»Die bei einem Sterbenden weilenden Menschen aber seien gewarnt, daß sie nicht in lautes Klagen ausbrechen. Durch den zu stark gezeigten Trennungs-

schmerz kann der in Loslösung begriffene oder vielleicht schon danebenstehende feinstoffliche Mensch ergriffen werden, es also hören oder fühlen. Erwacht dadurch in ihm das Mitleid oder der Wunsch, noch Trostesworte zu sagen, so bindet ihn dieses Verlangen wieder fester mit dem Bedürfnis, sich den schmerzerfüllt Klagenden verständlich *bemerkbar zu machen.*

Irdisch verständlich machen kann er sich nur unter Zuhilfenahme des Gehirnes. Das Bestreben aber zieht die enge Verbindung mit dem grobstofflichen Körper nach sich, bedingt sie, und deshalb kommt als Folge, daß nicht nur ein noch in Loslösung begriffener feinstofflicher Körper sich wieder enger mit dem grobstofflichen Körper vereinigt, sondern daß auch ein bereits danebenstehender losgelöster feinstofflicher Mensch nochmals zurückgezogen wird in den grobstofflichen Körper. Endergebnis ist die Wiederempfindung aller Schmerzen, deren er schon enthoben war.

Die erneute Loslösung erfolgt dann weit schwerer, sie kann sogar einige Tage anhalten. Dann entsteht der sogenannte verlängerte Todeskampf, der für den sich Lösenwollenden wirklich schmerzhaft und schwer wird. Schuld daran sind die, die ihn aus der natürlichen Entwicklung durch ihren egoistischen Schmerz zurückriefen. (...)

Deshalb soll in einem Sterbezimmer unbedingte Ruhe herrschen, ein der bedeutungsvollen Stunde entsprechender würdiger Ernst! Personen, die sich nicht beherrschen können, sollten gewaltsam entfernt werden, auch wenn es die nächsten Angehörigen sind.«
(Band 2, Vortrag „Der Tod")

Die beiden Zitate aus der „Gralsbotschaft" verdeutlichen einmal mehr die Notwendigkeit, sich sehr ernsthaft mit dem Thema Tod zu befassen.

Sie beschreiben aber nicht nur den Lösungsprozeß beim Sterben, sondern erklären auch, warum es sein kann, daß ein Mensch trotz des schon festgestellten Todes womöglich wieder ins irdische Leben zurückkehrt: Dies ist nur möglich, solange die silberne Schnur noch einen Verbindungsstrang zu seiner grobstofflichen Hülle abgibt.

Ohne diese Möglichkeit hätten wir auch von den vielen Nahtod-Erlebnissen nie erfahren, wie sie beispielsweise Dr. Raymond Moody gesammelt hat.

In diesem Zusammenhang mag man sich auch an die in der Bibel geschilderten Totenerweckungen Jesu erinnern. Die Evangelisten Lukas und Johannes berichten im „Neuen Testament" von drei derartigen Begebenheiten, etwa bei der Tochter des Jairus, der sich Jesus zuwandte, nachdem sie schon gestorben war:

> *»Da er aber in das Haus kam, ließ er niemand hineingehen, außer Petrus, Jakobus, Johannes und des Kindes Vater und Mutter. Sie weinten alle und klagten. Er aber sprach: Weinet nicht, sie ist nicht gestorben, sondern sie schläft. Und sie verlachten ihn, weil sie wohl wußten, daß sie gestorben war. Er aber trieb sie alle hinaus, nahm sie bei der Hand und rief und sprach: Kind, stehe auf! Und ihr Geist kam wieder, und sie stand also bald auf.«*[9]

9 *„Neues Testament", Lukas 8, 51–55*

Ähnliche Begebenheiten sind im Zusammenhang mit dem Jüngling zu Nain (Lukas 7, 14) und, vielleicht die bekannteste, mit Lazarus (Johannes 11, 41) geschildert.

Auch diese Geschehen aber waren nur möglich, weil noch eine letzte Verbindung zwischen den Seelen und deren sterblichen Hüllen bestand.

Ohne die noch intakte „silberne Schnur" hätte auch die Kraft des Gottessohnes nicht vermocht, die sich lösenden Seelen nochmals ins Irdische zurückzurufen, weil auch Jesus – wie er ja selbst sagte – nur *in* dem Willen seines Vaters wirken konnte, niemals aber außerhalb der Schöpfungsgesetze, in denen sich Gottes unabänderlicher Wille stets zeigt.

»Bin ich, was äußerer Anschein lehrt,
Ein Wesen von kurzer Dauer,
Das dem Tod entgegenfährt,
Der großen, schwarzen Mauer?
Oder ist das ein Truggebild,
Entsprungen begrenzter Erfahrung?
Ich von mir aus bin gewillt,
Geb' froher Hoffnung Nahrung.
In meinem Herzen fühl ich's tief,
Und freudig faß' ich den Gedanken:
Was man uns oft entgegenrief,
Das Leben hat keine Schranken!«

Gerd HARMS

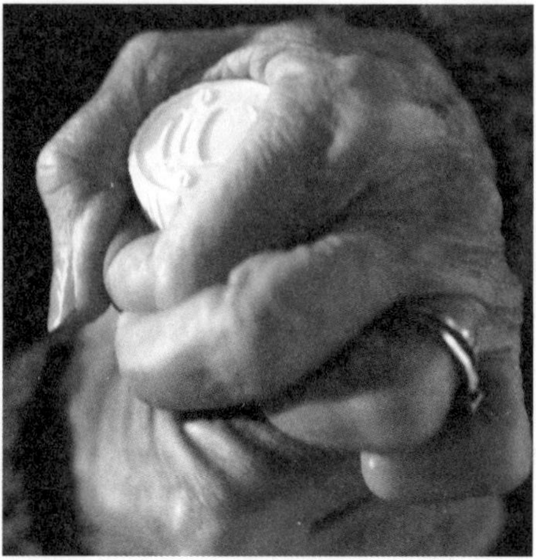

Flucht vor der Verantwortung?

Das Sterben des Menschen beginnt mit der Loslösung der Seele vom irdischen Körper. Und es endet für uns dort, woher wir kamen, ehe wir in diese Welt geboren wurden: in der Feinstofflichkeit der Schöpfung, dem Jenseits. Dorthin sollten wir auch reich zurückkehren: reich an Erfahrung und reif als Persönlichkeit, aber arm an Bindungen an die Grobstofflichkeit, die uns wieder zurück auf die Erde wünschen!

Wer die Gelegenheit hat, das Hinübergehen eines Menschen mitzuerleben und dabei den Schmerz der Trennung überwindet, dem kann das natürliche Geschehen der Loslösung einer

Seele zur lebendigen Überzeugung werden. Und er wird wohl gar nicht erst auf die Idee kommen, den zurückgelassenen Erdenkörper, der da vor ihm liegt, dieses entseelte Bündel erstarrender Materie, mit dem Menschen in Verbindung zu bringen, der ihn bewohnte, sondern er wird den gedanklichen Kontakt zur Seele des Verstorbenen suchen. Eben darin kann, wie es zum Beispiel der Erfahrungsbericht von Dieter Emmerling zeigt, auch eine sinnvolle Sterbehilfe liegen.

Wer in dieser Art bewußt Abschied nimmt von einem Menschen, der seinen Erdenweg vollendet hat, wird über die Ansicht, die Seele existiere nur im menschlichen Wunschdenken, vielleicht ein wenig lächeln müssen. Denn in Wahrheit ist es wohl genau umgekehrt: Sehr oft ist gerade bei der Behauptung, der Mensch habe *keine* Seele, der Wunsch Vater des Gedankens – ein Wunsch, der wohl die ahnungsvolle Furcht davor überdecken soll, daß wir im Leben zuletzt vielleicht doch alles zu verantworten haben.

Freilich ist der Glaube recht bequem, daß mit dem Tode alles aus sei, daß wir im Leben weder Verpflichtungen hätten, noch echte Verantwortung tragen müßten. Wozu innere Veredelung, wenn irgendwann doch Schluß ist, ganz gleich, ob jemand ein guter Mensch war oder nicht? Weshalb sich um Gewissensfragen kümmern, um Gebote der Moral oder der Nächstenliebe?

Wer hingegen die Überzeugung in sich trägt, daß mit dem Tode nicht alles vorbei ist, daß sein Leben *jetzt* in engem Zusammenhang steht mit dem Sein nach dem Hinübergehen, der wird sich wohl auch der Verantwortung, die er dieser Schöpfung und seinen Mitmenschen gegenüber trägt, weitaus bewußter sein. Denn er fürchtet ja zu Recht, daß ihn die Folgen jedes falschen, schädigenden Tuns später einmal treffen könnten, auch wenn er nicht mehr auf dieser Erde leben sollte.

Im Grunde offenbaren alle religiösen Gebote ihre umfassende Gültigkeit erst im Hinblick auf ein Fortleben nach dem Tode. Denn erst unter der Annahme eines größeren Bezugsrahmens, also eines Seins, das weit über die Spanne eines Erdenlebens hinausreicht, erlangen etwa die Christus-Worte Bedeutung, daß der Mensch einst alles ernten muß, was er gesät hat, daß uns also *tatsächlich* wechselwirkend treffen wird, was immer wir den Geboten Gottes zuwiderhandeln.

In unserer materialistisch ausgerichteten, diesseitsorientierten Weltsicht beschränken wir unseren Blick indessen gerne auf die Zeit eines kleinen Erdenlebens, verdrängen alle Gedanken an ein Fortleben nach dem Tod und werten die Gebote Gottes bestenfalls als Empfehlungen für ein friedliches Nebeneinander, die man allerdings, wenn's denn sein soll, ruhig auch außer acht lassen kann, ohne Folgen befürchten zu müssen.

Hingegen ist einem Menschen, der darüber Bescheid weiß, daß sein Leben nach dem irdischen Abscheiden weitergehen wird, auch unmittelbarer die Verantwortung für sein Tun und Lassen bewußt. Er wird eher nach innerer Veredelung streben – und damit auch den Sinn seines Lebens erfüllen …

»Rasch tritt der Tod den Menschen an,
Es ist ihm keine Frist gegeben;
Es stürzt ihn mitten in der Bahn,
Es reißt ihn fort vom vollen Leben.
Bereitet oder nicht, zu gehen,
Er muß vor seinem Richter stehen!«

Friedrich SCHILLER

Vom Sinn des Lebens

Der Sinn unseres Lebens liegt in der *Entwicklung* des persönlichen Ich-Bewußtseins, und wir beschreiten dabei einen Weg, der weit über das physische Sein hinausführt. Die Jahre des Erdenlebens dienen jedoch in besonderer Weise unserer inneren Reife.

Man mag sich dazu ein Gleichnis vor Augen führen: Was macht die Natur, damit ein Pflanzensame reift und zur Entfaltung bringt, was keimhaft in ihm ruht? Sie wurzelt ihn ein in die Erde und fördert ihn im Wechsel von Tag und Nacht, von Sonnenschein und Regen, von Hitze und Kälte. Mit uns geschieht im Grunde ganz das gleiche: Auch unser „Ich“ wurzelt gewissermaßen durch seinen Erdenkörper im Irdischen. Und es reift im Wechsel seiner Erlebnisse, der vielfältigen – angenehmen und unangenehmen – Einflüsse, die von außen auf uns einströmen. Dadurch soll zum Erblühen kommen, was keimhaft in uns ruht: unsere Erlebnis- und Empfindungsfähigkeit, unsere Menschlichkeit. Und so, wie die Pflanze in natürlicher Art zum Sonnenlicht strebt, soll in uns die Sehnsucht nach dem geistigen Lichte wachsen, nach dem Paradies, soll das tiefe Bewußtsein erstehen, daß wir geborgen sind in Gottes wundervoller Schöpfung.

Welchen Zweck aber hätte eine solche Bewußtseinsentwicklung, wenn unser Ich mit dem Tode plötzlich zerstört würde, alle Erfahrungen ausradiert, als seien sie nie gewesen?

Sie wäre sinnlos! Der Glaube an das „Ende" im irdischen Tod ist also schon deshalb falsch, weil er dem Sinn unseres Lebens widerspricht.

Der Sterbevorgang leitet kein „ewiges Vergehen" ein, sondern er ist ein natürliches Übergangsgeschehen, das einen wichtigen Entwicklungsprozeß – das Erdenleben – beendet und unserem Bewußtsein gleichzeitig neue Möglichkeiten eröffnet, das dem Menschengeist in vielen Fällen Befreiung von allzu erstarrten Gedankenschemen bietet und sich im Rahmen eines großen Schöpfungsplanes vollzieht, den wir mit unserem körperlichen Verstand bestenfalls bruchstückhaft erfassen können.

Wer allerdings darum bemüht ist, eine allzusehr einengende, nur auf das Physisch-Sichtbare beschränkte Weltsicht zu überwinden, kann in einfacher Selbstbeobachtung zur Überzeugung gelangen, daß es eigentlich keine Grenze zwischen dem Diesseits und dem Jenseits gibt, daß es einfach in der Natur des Menschseins liegt, Diesseitiges mit Jenseitigem zu vereinen. Genau das geschieht in jedem Lebensmoment und in aller Natürlichkeit, wenn wir unsere Empfindungen und Gedanken zu Taten werden lassen. Damit „verdichten“ wir Nichtstoffliches zu physisch Sichtbarem, formen aus unserer Innenwelt die Außenwelt, verknüpfen also zwei Ebenen miteinander. Wir müssen uns dieses natürlichen Vorganges nur einmal bewußt werden!

Aus der „Gralsbotschaft“ wird darüber hinaus deutlich, daß nicht nur wir Menschen mehrere „Welten“ in uns vereinen, sondern daß es im Grunde in der ganzen Schöpfung keine Trennung gibt. Alle Ebenen stehen miteinander in Verbindung:

> »Eine Trennung zwischen Dies- und Jenseits aber gibt es nicht! *Auch keine Kluft! Es ist alles einheitlich, wie die gesamte Schöpfung.* Eine *Kraft durchströmt das Diesseits wie das Jenseits, alles lebt und wirkt von diesem einen Lebensstrom und ist dadurch ganz untrennbar verbunden. (...)*
>
> *Den Begriff der Trennung hat allein der Mensch erfunden, weil er nicht alles sehen kann ...*« (Band 1, Vortrag „Erwachet!“)

Mit dem Schritt in die jenseitige Welt trifft uns also nichts Unheimliches, Unnatürliches, nicht einmal Ungewohntes. Wir erleben dabei keine Trennung, keine Kluft, werden uns auch nie „heimatlos“ fühlen müssen, da Dies- und Jenseits in Wirklichkeit eine untrennbare Einheit bilden. Der Tod führt uns nicht in unbekanntes Neuland – und auch nicht geradewegs in den Himmel, wo wir mit offenen Engelsarmen empfangen werden. Aber er tut das Tor auf zu unserer eigenen Innenwelt. Denn das Jenseits, das uns nach dem Tode erwartet, ist ja genau das gleiche Jenseits, das wir schon jetzt in uns tragen – als unsere Gedankenwelt. Mit ihr bereiten wir uns Himmel oder Hölle selbst; sie ist es, die uns als eigenes „Werk“ nachfolgt!

Dabei müssen wir davon ausgehen, daß das sogenannte Jenseits unermeßliche Weiten und vielfältigste Ebenen umfaßt, die wir in unserer weiteren seelischen Entwicklung durchschreiten können – nach „unten“ hin, wenn wir uns durch üble Gedanken belasten, oder aber, unserer Bestimmung folgend, dem Lichte zu.

Unser Ziel und letztendlicher Daseinszweck wäre es, einst voll bewußt eingehen zu können in das geistige Reich. Abd-ru-shin erklärte dazu in Beantwortung einer Frage:

> *»Die höchste Glückseligkeit des vollkommen gewordenen Menschengeistes ist das persönlich-bewußte Leben in dem geistigen Teile der Schöpfung, den man Paradies nennt, sowie von dort aus persönlich-bewußtes Mitwirken an der andauernden Schöpfungsentwicklung nach dem göttlichen Willen.«* (in: „Fragenbeantwortungen“ Nr. 17)

Das also wäre das natürliche Ziel jedes Menschen, und der Sinn unseres Lebens liegt darin, die *Befähigung* für diese hohe Aufgabe zu erreichen!

> *»Der Mensch besitzt nichts Edleres und Kostbareres als die Zeit!«*
> ***Ludwig van BEETHOVEN***

Und überall herrscht Natürlichkeit!

Wenn unser Sein mit dem Tod nicht endet, sondern wir nur einen Wandel erleben, dann ist daraus selbstverständlich auch zu folgern, daß unser „Leben nach dem Leben“ nicht erst am Tage X mit der unvorstellbaren leiblichen Auferstehung des Erdenkörpers beginnt, wie dies in manchen Konfessionen gedacht und gelehrt wird.

Vielmehr leben wir sofort nach dem Ablegen der Körperhülle weiter, wobei wir allerdings eine tiefgreifende *Änderung* in unserem Sein erfahren. *Darin* liegt das Wesen des irdischen Todes.

Insofern sollten wir uns von einem Fortleben auch nicht zuviel erwarten: Mit dem Hinübergehen ändern sich weder unsere Stärken oder Schwächen noch unser Wissen: Alles, was uns bewußt wird, ist, *daß* es „weitergeht". Wie beglückend oder belastend diese Tatsache letztendlich erlebt wird, hängt wiederum vom Seelenzustand jedes einzelnen ab. Die entscheidende Frage dabei ist, ob wir unser Erdenleben zur gottgewollten Bewußtseinsentwicklung genutzt haben – oder es vorzogen, gedankenlos am eigentlichen Zweck unseres Seins vorbeizuleben.

Dementsprechend wird sich auch die Bilanz unseres Erdenlebens nach dem Hinübergehen darstellen. Es kann eine tief erschütternde Erkenntnis sein, wenn einem Menschen nach dem Tode seine schwerwiegenden Versäumnisse bewußt werden. Im Rahmen von Nahtod-Berichten wird dies bisweilen auch geschildert. Arthur Ford erwähnt in seinem Buch „Bericht vom Leben nach dem Tode"[10] einen solchen Bewußtwerdungsprozeß:

> *»Schuldbewußt begann ich mit einer Bestandsaufnahme meines Lebens. Sie ergab kein sehr erfreuliches Bild (…) Die herkömmlichen Sünden, von denen man mich als Kind gewarnt hatte, wurden kaum beachtet. Aber es gab ernste Besorgnisse wegen solcher ‚Delikte' wie Selbstsucht, Egoismus, Dummheit. Wiederholt fiel das Wort ‚Verschwendung' – nicht im Sinne von Ausschweifung und Liederlichkeit, sondern als Vergeudung von Energien, Talenten und Gelegenheiten …«*

10 Arthur Ford: „Bericht vom Leben nach dem Tode", Verlag Droemer-Knaur, München, 1985

Aus solchen und ähnlichen Darstellungen mögen wir ersehen, wie eng unser Leben im Diesseits mit dem späteren Sein im Jenseits zusammenhängt und wie bruchlos-natürlich unser Sein sich durch alle Schöpfungsebenen entwickelt.

Die Natürlichkeit darf überhaupt als verläßlicher Maßstab benutzt werden, wenn es darum geht, Aussagen über das Jenseits zu bewerten.

Man neigt heute leider dazu, das Jenseitige vorwiegend als übernatürlich, gruselig und schaurig einzustufen. In der Unfähigkeit, das Normale noch zu empfinden, ergeht man sich lieber in mystiküberladenen Vorstellungen, die jeder Logik entbehren.

Wie gern errichtet man doch rund um alles Nicht-Sichtbare eine aufgeblasene Gedankenwelt, der man sich in einer seltsamen Lust am Grauen hingibt! Die Flut von sogenannten „Mystery"-Fernsehserien, spiritistischen Zirkeln oder das Treiben okkulter Vereinigungen sprechen diesbezüglich für sich: Man pendelt, praktiziert Tischerücken, geht auf „Geisterjagd" oder benutzt sogar bewußtseinsverändernde Drogen, um sich einen Zugang zum Jenseits zu erzwingen. Dahinter aber steckt meist nichts anderes als irgendeine menschliche Eitelkeit, die das Besondere sucht. So mancher heischt nach Bewunderung ob seiner „innigen Verbindung" mit Verstorbenen – und wie viele wähnen, mit hohen und höchsten jenseitigen Geistern in Verbindung zu stehen, während davon in Wirklichkeit gar keine Rede sein kann.

Würden wir unseren Vorstellungen vom Leben im Jenseits hingegen die Erkenntnis zugrunde legen, daß die Wahrheit immer einfach ist, müßten wir doch unbedingt annehmen, daß auch das Leben nach dem Tode etwas völlig Natürliches ist: Der Mensch lebt *als Mensch* weiter!

Sogar ihre Menschenkörperform muß der hinübergegangenen Seele erhalten bleiben, denn *jede* Körperform bildet sich in der Schöpfung immer entsprechend den an sie gestellten Erfordernissen.

Unserem geistigen Ich-Bewußtsein wird die Menschenform mit all ihren Ein- und Ausdrucksmöglichkeiten am besten gerecht. Man kann sagen: *Das Geistige bedingt die Menschenform.* Daher muß auch unsere Seelenhülle eine solche Form haben, denn die Ausdrucks- und Betätigungsbedürfnisse unseres Bewußtseins sind ja stets die gleichen, unabhängig davon, ob wir nun in einem stofflichen, diesseitigen Körper leben oder nur die feinstoffliche Seelenhülle tragen. Alles zeigt sich als einheitliches Sein!

Mit dem Bewußtwerden darüber, was beim Sterben wirklich mit uns geschieht, sollten wir eigentlich auch die Angst vor dem Tod verlieren. Wer im Sinne der Menschlichkeit und Nächstenliebe ein geistig orientiertes Leben führt, hat ja auch keinen Grund dafür, ihn zu fürchten!

Gleichzeitig könnte im Hinblick auf die Gewißheit des Fortlebens ein neues Verantwortungsbewußtsein in uns Raum gewinnen, das Bemühen, ein absolut gewissenhaftes Leben zu führen – im Dienste der Mitmenschen und der Veredelung der Schöpfung.

Denn wenn wir unserem Handeln ganz einfach echte *Menschlichkeit* zugrunde legen, ganz egal, was wir im Leben zu tun haben, dienen wir rückwirkend auch der Entwicklung unserer eigenen Persönlichkeit. Und damit erfüllen wir den Sinn unseres Lebens und lassen die Lernzeit hier auf Erden nicht nutzlos verstreichen.

Nachwort

Die voranstehenden Ausführungen können insgesamt freilich nur als kleiner Anstoß zu eigenem Weiterdenken gedacht sein. Jedoch steht jedem der Weg offen, selbst zu der tiefen Überzeugung zu gelangen, daß der Schöpfer uns das Leben nicht geschenkt hat, damit beim Tode plötzlich alles vorbei sei.

Wer ernsthaft nach weiteren Erkenntnissen strebt und schlüssige Antworten auf die wichtigsten Lebensfragen sucht, dem sei vor allem jenes Werk empfohlen, das auch mich dazu befähigt – und beflügelt – hat, mit diesem kleinen Buch die wichtigsten Vorgänge beim Sterben des Menschen zusammenzufassen: die Gralsbotschaft „Im Lichte der Wahrheit" von Abd-ru-shin.

Ein Zitat aus diesem Werk soll meine Ausführungen daher auch beenden. Es handelt sich um das „Geleitwort", das der Autor seinen Vorträgen vorangestellt hat.

Es ist „zum Geleite" für alle Menschen gedacht, die in ihrer Wahrheitssuche nach eigenpersönlicher geistiger Freiheit und Entwicklung streben:

> *»Die Binde fällt, und Glaube wird zur Überzeugung. Nur in der Überzeugung liegt Befreiung und Erlösung!*
>
> *Ich spreche nur zu denen, welche ernsthaft suchen. Sie müssen fähig und gewillt sein, sachlich dieses Sachliche zu prüfen! Religiöse Fanatiker und haltlose Schwärmer mögen ferne davon bleiben; denn sie sind der Wahrheit schädlich. Böswillige aber und die Unsachlichen sollen in den Worten selbst ihr Urteil finden.*
>
> *Die Botschaft wird nur solche treffen, die noch einen Funken Wahrheit in sich tragen und die Sehnsucht, wirklich Mensch zu sein. Allen denen wird sie auch zur Leuchte und zum Stab. Ohne Umwege führt sie heraus aus allem Chaos jetziger Verwirrung.*
>
> *Das nachstehende Wort bringt nicht eine neue Religion, sondern es soll die Fackel sein für alle ernsten Hörer oder Leser, um damit den rechten Weg zu finden, der sie zur ersehnten Höhe führt.*
>
> *Nur wer sich selbst bewegt, kann geistig vorwärts kommen. Der Tor, der sich dazu in Form fertiger Anschauungen fremder Hilfsmittel bedient, geht seinen Pfad nur wie auf Krücken, während die gesunden eignen Glieder dafür ausgeschaltet sind.*
>
> *Sobald er aber alle Fähigkeiten, welche in ihm seines Rufes harrend schlummern, kühn als Rüstzeug zu*

dem Aufstiege verwendet, nützt er das ihm anvertraute Pfund nach seines Schöpfers Willen und wird alle Hindernisse spielend überwinden, die ablenkend seinen Weg durchkreuzen wollen.

Deshalb erwacht! Nur in der Überzeugung ruht der rechte Glaube, und Überzeugung kommt allein durch rücksichtsloses Abwägen und Prüfen! Steht als Lebendige in Eures Gottes wundervoller Schöpfung!«

Abd-ru-shin

Die Gralsbotschaft

Paperback, 3 Bände im Schuber
14 x 21 cm
1112 Seiten
ISBN 3–87860–240-5

IN DEN JAHREN 1923 bis 1938 veröffentlichte Abd-ru-shin jene 168 Vorträge, die er aufeinander aufbauend zu seinem Hauptwerk »Im Lichte der Wahrheit – Gralsbotschaft« zusammengefaßt hat.

Der Autor gibt darin eine umfassende Erklärung der Schöpfung und ihrer fortdauernden Gesetze sowie deren Bedeutung für jeden einzelnen Menschen und jeden Lebensbereich. Er schuf damit ein Grundlagenwerk des Schöpfungswissens.

Die »Gralsbotschaft« ist in einbändiger oder dreibändiger Ausführung, als Paperback-Ausgabe (drei Bände im Schuber) und auch als Hörbuch-Ausgabe erhältlich.

Die Gralsbotschaft als Hör-Erlebnis

Alle drei Bände der »Gralsbotschaft« von Abd-ru-shin sind jetzt auch als Hörbuchausgabe erhältlich.

Band 1
7 Audio-Cassetten in einer Sammelbox

Band 2
14 Audio-Cassetten in zwei Sammelboxen

Band 3
16 Audio-Cassetten in zwei Sammelboxen

Aus der

EDITION GRALSWELT

11,5 x 18 cm
Taschenbuch
128 Seiten
ISBN 3-87860-293-6

MONIKA SCHULZE, Dr. phil. GRALSWELT-Redakteurin, läßt in diesem Buch anhand signifikanter Frauenschicksale »Aspekte und Beispiele weiblichen Seins« deutlich werden und zeigt, was wirklich »Frauensache« ist. Ihr Ziel ist es, aus dem Schatten des Spannungsverhältnisses zwischen den Geschlechtern hinauszuführen – hin zu einem neuen Verständnis der »Kreatur Mensch«.

Aus dem Inhalt: Transzendenz und Dienst am Leben (Hildegard von Bingen) • Heim und Herd der Liebe (Christiane von Goethe) • Der mann-weibliche Konflikt (Elisabeth von Österreich) n.a.m.

Werkausgabe Richard Steinpach

RICHARD STEINPACH, Vortragsreisender und Autor, hat im »Verlag der Stiftung Gralsbotschaft« etliche seiner Manuskripte veröffentlicht. Mit der vorliegenden sechsbändigen Werkausgabe folgt der Verlag dem Wunsch des Autors, der die Fülle seiner Texte selbst noch zu einer Buchreihe ordnete und dieser den Reihentitel »Sieh: Die Wahrheit liegt so nahe« gab. Jeder Band hat das Format von 13 x 21,5 cm und liegt in gebundener Ausführung vor.

Die Werkausgabe Richard Steinpach in der Übersicht:

Band 1: Weg und Ziel (224 Seiten)
Band 2: Selbsterkenntnis (200 Seiten)
Band 3: Irrwege (176 Seiten)
Band 4: Es hat sich erwiesen (208 Seiten)
Band 5: Was uns Goethe sagen wollte (176 Seiten)
Band 6: Die Vorträge (272 Seiten)

Die Bände sind einzeln oder geschlossen in einem Schuber erhältlich.

Werner Huemer:

Die Wiederkehr Gottes

15,5 x 23,5 mm
Leinen mit Umschlag
368 Seiten
ISBN 3–87860–284-7

Aus dem Inhalt:
Jenseits und Innenwelt • Warum wir durch den Tod nicht sterben • Die Erbsünde • Die Lehre Jesu • Das Geheimnis des Heiligen Grals • Naturwissenschaft als spiritueller Wegweiser • Eine geisterfüllte Zukunft

»GOTT IST TOT«, hört man immer mehr Menschen sagen – und eben dieser heute verbreiteten Ansicht stellt sich Werner Huemer, Chefredakteur der »GRALSWELT«, mit diesem Buch vehement entggen. Als einen Hauptgrund des um sich greifenden Atheismus nennt er die Tatsache, daß die Menschheit über Jahrhunderte einem ebenso unsinnigen wie falschen »Gottes-Wunschbild« gefolgt ist, an das zu glauben immer schwerer fällt. Doch die »Wiederkehr Gottes« in unsere Herzen und Gedanken kann gelingen, wenn wir erkennen, wie Gott tatsächlich wirkt und was unsere Aufgabe in seiner Schöpfung ist.